JOGOS DE POSTURA CORPORAL

Dados Internacionais de Catalogação na Publicação (CIP)
(Câmara Brasileira do Livro, SP, Brasil)

Ros, Jordina
    Jogos de postura corporal : atividades para a Educação Infantil / Jordina Ros ; [ilustrações] Sonia Alins. – Petrópolis, RJ : Vozes, 2018.

   ISBN 978-85-326-5819-7

   1. Atividades criativas 2. Educação – Finalidades e objetivos 3. Educação Infantil 4. Expressão corporal 5. Jogos educativos I. Alins, Sonia. II. Título.

18-17210   CDD-371.337

Índices para catálogo sistemático:
1. Jogos e atividades : Educação Infantil   371.337

Maria Alice Ferreira – Bibliotecária – CRB-8/7964

Jordina Ros
Sonia Alins

JOGOS DE POSTURA CORPORAL

Atividades para a
Educação Infantil

EDITORA
VOZES

Petrópolis

© Parramón Paidotribo S.A.
Direitos exclusivos de edição para todo o mundo.
Publicado por Parramón Paidotribo, S.L., – Espanha

Título do original em espanhol: *Juegos de postura corporal*
Textos: Jordina Ros
Ilustrações: Sonia Alins
Adaptação do texto ao português brasileiro: Editora Vozes Ltda.

Direitos de publicação em língua portuguesa – Brasil:
2018, Editora Vozes Ltda.
Rua Frei Luís, 100
25689-900 Petrópolis, RJ
www.vozes.com.br
Brasil

Todos os direitos reservados. Nenhuma parte desta obra poderá ser reproduzida ou transmitida por qualquer forma e/ou quaisquer meios (eletrônico ou mecânico, incluindo fotocópia e gravação) ou arquivada em qualquer sistema ou banco de dados sem permissão escrita da editora.

CONSELHO EDITORIAL

Diretor
Gilberto Gonçalves Garcia

Editores
Aline dos Santos Carneiro
Edrian Josué Pasini
Marilac Loraine Oleniki
Welder Lancieri Marchini

Conselheiros
Francisco Morás
Ludovico Garmus
Teobaldo Heidemann
Volney J. Berkenbrock

Secretário executivo
João Batista Kreuch

Editoração: Fernando Sergio Olivetti da Rocha
Diagramação: Victor Mauricio Bello
Revisão gráfica: Nilton Braz da Rocha
Capa: Baseada no projeto gráfico da capa original espanhola da Marina Editores
Arte-finalização: Estúdio 483

ISBN 978-85-326-5819-7 (Brasil)
ISBN 972-84342-2368-4 (Espanha)

Editado conforme o novo acordo ortográfico.

Este livro foi composto e impresso pela Editora Vozes Ltda.

Sumário

Introdução, 7

JOGOS DE EQUILÍBRIO, 9

A varinha mágica, 10
O rei do equilíbrio, 11
Cangurus traquinas, 12
A espiral, 13
Esquilos esfomeados, 14
Em um pé só!, 15
Os cabeçudos, 16
O pequeno avião, 17
O criado, 17
O girassol, 18
Purê de batata, 19
O desfiladeiro, 20
Guardanapos rápidos, 21
A perna invisível, 22
Entre duas linhas, 23
Sem mãos!, 24
O livro multifacetado, 25
Dedos longos, 26

Reunião de sapatos, 27
Barcos de papel, 28
Pequenos arquitetos, 29
O redemoinho, 30
Pés grandes brancos, 30
Pontas dos pés – calcanhares, 31
O pássaro grande, 32
A estátua móvel, 33
Estrada para o céu, 34
A plataforma, 35
O compasso, 36
O pião bailarino, 37
A bola está servida, 38
O astronauta, 39
O lança-batatas, 40
O pêndulo, 41
O controle da bola, 42

JOGOS DE LATERALIDADE, 43

Asas imaginárias, 44
O grande imitador, 45
O robô pateta, 46

O arco bailarino, 47
A grande saudação, 48
Mexe, mexe, 49

A piscina invisível, 50
Olhos travessos, 51
As crianças bandeira, 51
Silhuetas de papel, 52
O espanador, 53
O sarampo, 54
Obra-prima, 55
O barulho, 56
A vela, 57
Entre o dia e a noite, 58
Posições divertidas, 59
A pedra mágica, 60
Espelho, espelhinho, 60
As pulgas, 61
O apertão, 62
O pontapé, 63
Sem derramar, 64

Minigolfe, 65
A cabeleireira, 65
Diverte-dedos, 66
Rebola a bola, 67
Cada coisa no seu lugar, 68
Bailarino russo, 69
O olho atrevido, 69
A parede respondona, 70
Bater com força, 71
Uma lição de hóquei, 72
Aeróbica, 73
Aprendiz de ciclista, 74
A corda esticada, 75
As bolinhas, 76
A sopa boba, 77
Um fio de areia, 78
A sapataria, 79

Sketch – Que divertido é o circo!, 80

Quadro de idades, 82

Introdução

Jogar e aprender, descobrir e conhecer, tomar consciência do próprio corpo, são peças básicas para a formação pessoal da criança entre os 3 e os 6 anos. Os pedagogos concordam que a melhor maneira de conseguir esses objetivos é jogar. O jogo satisfaz a necessidade de expressão e de reação espontânea da criança, além de lhe permitir conhecer um sem-número de novos conceitos.

A percepção e a educação da postura corporal

Estudar e trabalhar a postura corporal permite que a criança reconheça as diferentes posições que o corpo pode adotar e descubra as suas possibilidades de equilíbrio estático e dinâmico, assim como a independência dos elementos corporais e outros conceitos relacionados: o predomínio lateral, o eixo de simetria, a lateralização etc.

A educação da postura corporal entre os 3 e os 6 anos desenvolve uma metodologia da construção do "eu corporal" e determina uma base fundamental para o desenvolvimento da personalidade infantil. O corpo da criança é como um acumulador, que se estabiliza a partir das suas vivências corporais, do conhecimento de si mesmo e de uma ótima socialização.

O jogo e a postura corporal

O jogo corporal livre facilita a evolução do desenvolvimento da educação psicomotora da criança. O jogo e a postura corporal suscitam a reflexão sobre o dinamismo do corpo e dos seus diversos planos. Uma boa educação da imagem do corpo e da regularização da sua função principal (grau de tensão dos órgãos, em especial dos músculos) permite que a criança interiorize, através do jogo, as sensações das diferentes partes do corpo e das posturas corporais, conseguindo assim globalizar o conhecimento do seu organismo.

Com o jogo também se trabalha o equilíbrio estático, o movimento em equilíbrio, os reflexos, a simetria corporal ou a igualdade dos dois lados do corpo e da coordenação independente de ambos os lados. Definitivamente, o objetivo básico destes jogos é conseguir uma lateralidade bem construída.

O educador e a postura corporal

A função do educador nos jogos de postura corporal consiste em saber introduzir a imaginação nos jogos, estar disponível para responder a qualquer pergunta e, sobretudo, saber esperar. Trabalhar conceitos como o equilíbrio ou a lateralidade é um exercício que obriga a criança a entrar num mundo expressivo abstrato, visto que deve imaginar situações e movimentos corporais que nunca antes experimentara. Por isso é importante que o educador trabalhe com uma expressão do jogo muito codificada que lhe permita comunicar à criança qual é o objetivo que tem de atingir.

Assim, o educador tem de ajudar a aprofundar estes conceitos corporais, procurando, antes, compreender bem os objetivos.

Aconselha-se que nos jogos de lateralidade não se utilizem os termos "direita" e "esquerda" caso se esteja trabalhando com crianças até os 6 anos, visto que antes devem interiorizar e assimilar que no seu corpo existe um eixo de simetria e uma independência dos dois lados do corpo.

Os jogos de postura corporal e a escola

Para conseguir os principais objetivos da Educação Infantil é importante aproveitar ao máximo as possibilidades do desenvolvimento psicomotor da criança e dotá-la de hábitos e de atitudes que a levarão a uma ótima formação e socialização futuras.

Os jogos de postura corporal são fundamentais para introduzir estes aspectos da Educação Infantil na escola; ajudam a conseguir uma identidade e uma autonomia pessoal, a descobrir o meio físico e a trabalhar a comunicação.

Na aula, trabalha-se tanto o conhecimento do corpo humano e a sua configuração e imagem como o equilíbrio e a lateralidade no controle postural. Mais à frente, quando a criança se aproxima da linguagem escrita, uma boa lateralização será fundamental. Na expressão plástica, os bons hábitos, a destreza, as aptidões e as habilidades são campos onde a lateralidade desempenha um papel importante no desenvolvimento infantil.

Por último, o movimento rítmico (linguagem musical) e o movimento expressivo (a dança) também sugerem a necessidade de incidir no trabalho de equilíbrio.

Os jogos de postura corporal são o meio ideal para que a criança trabalhe estes conceitos educativos e assimile uma completa expressão corporal, sensorial e motora.

Jogos de equilíbrio

O equilíbrio corporal é a capacidade de manter uma postura ou um gesto, de forma estática, servindo-se da força da gravidade ou resistindo a ela.

Os jogos de equilíbrio querem aproximar a criança do autocontrole do seu corpo, tanto em posturas estáticas como em movimento. Colocando-se em posições habituais e realizando diversos movimentos com o corpo, tenta-se criar uma consciência de equilíbrio. Propõem-se três espécies de jogo de equilíbrio com movimento: movimento motivado por um objeto, movimento sobre um objeto e movimento com um objeto sobre alguma parte do corpo.

Para chegar a um domínio do equilíbrio é necessário um bom trabalho de controle postural e de reflexos. Com os jogos de equilíbrio a criança terá a possibilidade de interiorizar sensações corporais e de conseguir uma educação da imagem corporal.

1 A varinha mágica

Número de participantes: *Ilimitado.*

Espaço: *Amplo.*

Objetivos didáticos: *Experimentar uma postura corporal marcando uma limitação. Aprender a jogar coletivamente e a desenvolver a imaginação.*

- Forma-se uma fila com os participantes, uns ao lado dos outros, num extremo do espaço de jogo.
- As crianças devem imaginar que são uma varinha mágica e têm de andar num só pé até ao outro lado do espaço de jogo.
- Se alguma criança, enquanto se movimenta, coloca o outro pé no chão ou cai, fica eliminada e senta-se no chão observando os companheiros.

Não vale pôr o pé no chão!

O rei do equilíbrio   2

Número de participantes: *Ilimitado.*

Material necessário: *Giz ou fita adesiva.*

Espaço: *Amplo.*

Objetivos didáticos: *Tomar consciência do equilíbrio do corpo.*

- O educador traça uma linha reta no chão do espaço de jogo com giz ou fita adesiva.
- Os participantes formam uma fila, uns atrás dos outros.
- Um a um, tentam andar por cima da linha, colocando um pé diante do outro, de maneira a que a ponta do pé de trás toque o calcanhar do da frente.

Um pé, outro pé… mas sem pisar no companheiro!

Cangurus traquinas

Número de participantes: *Ilimitado.*

Material necessário: *Giz ou fita adesiva.*

Espaço: *Amplo.*

Objetivos didáticos: *Tomar consciência do equilíbrio e trabalhar a coordenação.*

- Com um giz ou com pedaços de fita adesiva o educador marca uma linha tracejada no espaço de jogo.
- Forma-se uma fila, com os participantes atrás uns dos outros.
- As crianças devem passar, uma a uma, pisando a linha e mantendo o equilíbrio.

   Não podemos sair da linha!

- Ao chegarem ao fim do traço, saltam com os pés juntos até ao seguinte.
- Ao acabarem de percorrer todos os traços, regressam ao ponto de partida, saltando de um lado para o outro das linhas, como cangurus brincalhões.

A espiral

Número de participantes: *Ilimitado.*

Material necessário: *Giz ou fita adesiva.*

Espaço: *Amplo.*

Objetivos didáticos: *Adquirir autonomia no movimento, dominar o espaço e tomar consciência do equilíbrio.*

- O educador traça uma grande espiral no chão da área de jogo com giz ou fita adesiva.
- As crianças posicionam-se num extremo do espaço.
- Ao sinal combinado, todas se colocam em fila no início exterior da espiral.
- Sempre em fila, percorrem a espiral pisando o traço, colocando um pé à frente do outro, de maneira que a ponta do pé de trás toque o calcanhar do da frente.

Devemos manter o equilíbrio!

- Quando chegam ao fim, devem regressar ao ponto de partida andando para trás.

5 Esquilos esfomeados

Número de participantes: *Ilimitado.*

Material necessário: *Música lenta, nozes e outras frutas secas.*

Espaço: *Amplo.*

Objetivos didáticos: *Experimentar o movimento coordenado e trabalhar a habilidade motriz.*

- As crianças dispersam-se pela área de jogo.
- Ao comando do educador, esticam os braços para os lados e abrem as palmas das mãos, virando-as para cima.
- O responsável coloca uma noz na palma de cada mão dos participantes.
- A música começa a tocar e, muito lentamente, os participantes começam a espalhar-se pelo espaço, com cuidado para as nozes não caírem.

As nozes destes esquilos gulosos não devem cair no chão!

Em um pé só   6

Número de participantes: *Formam-se grupos de seis crianças.*

Material necessário: *Apito e giz.*

Espaço: *Amplo e/ou aberto.*

Objetivos didáticos: *Desenvolver o equilíbrio e a coordenação do movimento.*

- Num extremo da área de jogo o educador traça uma linha, que será o ponto de partida.
- As crianças dividem-se em grupos de seis e, colocando-se atrás da linha, preparam-se para começar a corrida.
- A primeira equipe coloca-se no ponto de saída.
- O educador apita e os participantes saem em um pé só até chegarem ao outro extremo do espaço.
- Quando o responsável volta a tocar o apito, o grupo regressa ao ponto de partida, também em um pé só, mas mudando de perna.

Agora com a outra perna!

15

7 Os cabeçudos

Número de participantes: *Formam-se pares.*

Material necessário: *Algumas bolas médias e pequenas e um pandeiro.*

Espaço: *Amplo e/ou aberto.*

Objetivos didáticos: *Trabalhar a ação sobre um objeto e a habilidade motriz.*

○ As crianças organizam-se aos pares e equilibram a bola pequena com a testa.

As mãos nas costas!

○ Seguindo o ritmo do pandeiro, caminham pelo espaço de jogo, procurando que a bola não lhes caia.

○ Em seguida, deixam-na no chão e o educador entrega-lhes outra, de tamanho médio.

○ Equilibram-na entre as barrigas e caminham livremente pela área, seguindo o ritmo do pandeiro e tentando não deixar a bola cair.

O pequeno avião 8

Número de participantes: Ilimitado.

Espaço: Amplo e/ou aberto.

Objetivos didáticos: Coordenar movimentos e desenvolver a capacidade imaginativa.

- As crianças dispersam-se livremente pelo espaço de jogo, esticando os braços para os lados e unindo os pés, de forma a imitar pequenos aviões.

  Todos em posição de aviões!

- À indicação do educador, devem fingir que decolam e planam, sempre tentando manter o equilíbrio.
- Dada outra ordem, os aviões descansam porque entraram numa nuvem.
- Em seguida, voltam a planar porque saíram da nuvem.
- Quando ouvem a ordem "Mais alto!", devem pôr-se na ponta dos pés.

O criado 9

Número de participantes: Ilimitado.

Material necessário: Giz ou fita adesiva, bolas de espuma e pratos de papel.

Espaço: Amplo.

Objetivos didáticos: Manter uma posição corporal durante um determinado tempo e desenvolver a capacidade de equilíbrio.

- O educador marca um percurso no espaço de jogo com giz ou fita adesiva e entrega a cada criança um prato e uma bola.
- Os participantes, com uma mão escondida atrás das costas, seguram com a outra o prato com a bola em cima.
- À indicação do responsável, realizam o percurso traçado, procurando não deixar a bola cair.

  Os bons empregados não balançam as bandejas!

O girassol

Número de participantes: Ilimitado.

Espaço: Amplo.

Objetivos didáticos: Trabalhar o movimento, o controle corporal e o equilíbrio a partir da organização espacial.

- Os participantes formam um círculo que ocupe o máximo do espaço de jogo.

- Ao comando do educador, as crianças dão as mãos e fecham o círculo.

- Juntas, dão uma volta inteira para a direita e, em seguida, para a esquerda, de maneira a que cada uma se posicione no lugar onde estava inicialmente.

Todos no mesmo lugar!

- Uma vez recuperada a posição inicial, as crianças juntam ombro com ombro, estreitando o círculo, e mantendo as mãos unidas.

- Dada uma nova ordem, dobram o tronco para a frente sem mover os pés e, em seguida, inclinam as costas para trás.

- A criança que se desequilibrar e mover um pé fica eliminada e se senta num canto da sala.

- O jogo continua com o mesmo procedimento, até restar apenas um participante, que será o vencedor.

18

Purê de batata

Número de participantes: *Ilimitado.*

Material necessário: *Uma batata crua por criança e uma cesta.*

Espaço: *Amplo.*

Objetivos didáticos: *Trabalhar o movimento e o equilíbrio numa determinada postura corporal.*

- Os participantes se posicionam num extremo da área de jogo.
- O educador coloca a cesta no centro do espaço e entrega uma batata a cada criança.
- Ao comando do educador as crianças se põem de cócoras, sem tocar as mãos no chão.

  Não vale pôr as mãos no chão!

- Com a batata na mão e andando de cócoras, devem chegar até à cesta e colocar lá a batata.
- A criança que cair tem de recomeçar do ponto de partida.

12. O desfiladeiro

Número de participantes: *Ilimitado.*

Material necessário: *Um banco comprido e dois colchões.*

Espaço: *Amplo.*

Objetivos didáticos: *Reforçar a coordenação de movimentos e desenvolver a capacidade de concentração.*

- O educador coloca o banco no centro do espaço de jogo e, dos lados, dispõe uns colchões como proteção.
- Os participantes formam uma fila, uns atrás dos outros.
- Ao comando do educador a primeira criança da fila sobe para o banco, abre os braços e caminha.

   Tem de manter o equilíbrio!

- Uns atrás dos outros, todos realizam a mesma ação.
- Repete-se o exercício, mas desta vez devem movimentar-se de gatinho por cima do banco.

Guardanapos rápidos 13

Número de participantes: *Formam-se pares.*

Material necessário: *Um apito, quatro bolsas para pendurar ao pescoço e guardanapos coloridos (verde, amarelo, vermelho e azul).*

Espaço: *Amplo.*

Objetivos didáticos: *Melhorar o nível de equilíbrio e a coordenação corporal a partir do movimento.*

- Formam-se pares e quatro deles espalham-se pela área de jogo.
- Atribui-se uma cor a cada par: verde, amarelo, vermelho ou azul.
- Uma criança de cada par coloca-se de gatinho e a outra se senta nas suas costas, com uma bolsa pendurada no pescoço.
- O educador distribui os guardanapos de cores pelo chão.
- Quando o educador apita, os pares começam a movimentar-se e a criança que está montada tenta agarrar os guardanapos da sua cor e metê-los na bolsa que traz ao pescoço.

   Só os guardanapos da sua cor!

- Quando voltam a ouvir o apito, acaba o tempo e cada grupo, com a ajuda do educador, conta os guardanapos que tem na bolsa.
- Ganha o par que conseguir recolher mais guardanapos.
- Se a criança montada cair ao chão, o par é eliminado.

14 · A perna invisível

Número de participantes: *Ilimitado.*

Material necessário: *Música alegre.*

Espaço: *Amplo e/ou exterior.*

Objetivos didáticos: *Trabalhar a verticalidade do corpo em movimento pelo espaço.*

- Os participantes, sentados em semicírculo, ouvem atentamente a música escolhida pelo educador.

- Em seguida, levantam-se e formam uma fila, uns atrás dos outros.

- Quando voltam a ouvir a música, agarram-se pela cintura e, seguindo o ritmo, caminham pelo espaço.

- Quando a música acaba, continuam agarrados, mas com uma nova dificuldade: em um pé só.

O pé esquerdo não pode tocar o chão!

- Ouve-se novamente a música e, no mesmo ritmo, tentam avançar só com uma perna.

- Quando a música parar, descansam, para depois continuarem o passeio em um pé só, mas agora mudando de perna.

- A criança que pôr três vezes os pés no chão é eliminada.

Entre duas linhas

 15

Número de participantes: *Ilimitado.*

Material necessário: *Fita adesiva.*

Espaço: *Amplo.*

Objetivos didáticos: *Trabalhar o controle do equilíbrio numa superfície plana delimitada.*

○ Com fita adesiva, o educador marca no centro do espaço de jogo um circuito com duas linhas cerca de 20cm de distância uma da outra.

○ Uma a uma, as crianças circulam pelo interior do circuito, evitando pisar as duas linhas que o delimitam.

○ Assim que todos percorrerem o circuito, repete-se a ação voltando para trás.

Agora, de costas!

○ As crianças que esperam a sua vez devem guiar o companheiro que percorre o circuito dando instruções em voz alta: "Não saia fora! Cuidado que se aproxima uma curva! Pare! Chegou ao fim!"

16   Sem mãos!

Número de participantes: *Ilimitado.*

Espaço: *Amplo.*

Objetivos didáticos: *Trabalhar o equilíbrio sobre um ponto e a habilidade motora.*

- As crianças sentam-se em semicírculo no centro do espaço de jogo.
- Ao comando do educador, cruzam as pernas e ficam sentadas nesta posição.
- Em seguida, devem tentar levantar-se, lentamente, sem apoiarem as mãos no chão.
- Se, ao se levantarem, perderem o equilíbrio e tocarem com as mãos no chão, têm de começar de novo.

Tentemos até conseguir!

O livro multifacetado

Número de participantes: *Ilimitado.*

Material necessário: *Um livro por participante.*

Espaço: *Amplo.*

Objetivos didáticos: *Trabalhar a verticalidade e o equilíbrio com um objeto.*

- O educador entrega um livro a cada criança.
- Estas o colocam na cabeça e põem-se a andar pelo espaço de jogo, tentando não deixar o livro cair no chão.
- Depois de terem conseguido dar alguns passos, devem abrir os braços.
- Ao comando do responsável, agacham-se lentamente, até ficarem de cócoras.
- Se alguma criança deixar cair o livro, tem de voltar a tentar desde o princípio.

Agora com os braços abertos!

25

18 Dedos longos

Número de participantes: *Formam-se pares.*

Material necessário: *Lápis sem ponta.*

Espaço: *Amplo.*

Objetivos didáticos: *Desenvolver o ponto de equilíbrio com um objeto entre os corpos.*

- Formam-se pares e o educador entrega um lápis sem ponta a cada um.
- Cada membro do par coloca-se em frente do outro.
- Com a ponta do dedo indicador, ambas as crianças devem tentar prender o lápis em posição horizontal e, fazendo pressão, mantê-lo assim.

- Ao comando do educador, os pares dispersam-se pelo espaço de jogo.
- É eliminado o par que deixe cair o lápis três vezes.

Que o lápis não caia no chão!

Reunião de sapatos

Número de participantes: *Ilimitado.*

Material necessário: *Sapatos e giz.*

Espaço: *Amplo.*

Objetivos didáticos: *Trabalhar o controle motor e o equilíbrio durante o movimento.*

- O educador traça um círculo com giz no centro da área de jogo.
- Os participantes, que se encontram sentados num extremo do espaço, tiram um sapato.
- Ao comando do responsável, todas as crianças, em um pé só e com o sapato na mão, dirigem-se para o círculo e depositam o sapato no seu interior.
- Em seguida, regressam ao ponto de partida, também em um pé só, e tiram o outro sapato.
- Colocam-no na palma da mão e, caminhando com os dois pés, depositam-no dentro do círculo.
- Agora, recuperam o primeiro sapato, calçam-no e voltam ao extremo contrário em um pé só.
- Acaba o jogo quando se dirigirem novamente ao círculo, recuperarem o outro sapato e o trouxerem novamente na palma da mão até ao local inicial, onde o calçam.

Os dois sapatos calçados!

20. Barcos de papel

Número de participantes: *Formam-se grupos de seis crianças.*

Material necessário: *Fita adesiva e papel de jornal.*

Espaço: *Amplo.*

Objetivos didáticos: *Manter o equilíbrio na coordenação global da motricidade.*

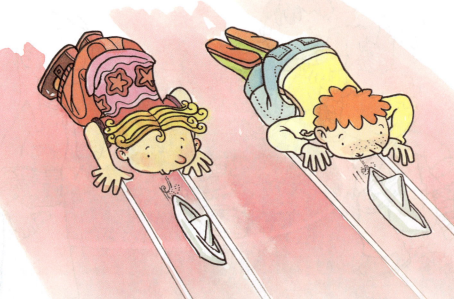

- O educador marca, com a fita adesiva, dois corredores com cerca de 20cm de largura e 3m de comprimento.
- Formam-se dois grupos de seis participantes e indica-se um corredor a cada grupo.
- Na parte exterior, posicionam-se duas crianças com um intervalo de 1m.
- O educador faz barcos de papel com folhas de jornal, entrega um a cada grupo e estes colocam-no num extremo do corredor.
- Ao comando, as duas primeiras crianças conduzem o barco, soprando, pelo interior do corredor, até chegar ao par seguinte, que, por sua vez, o passa ao seguinte, e assim até chegar ao fim do corredor.

Soprando forte para que o seu barco ganhe!

Pequenos arquitetos

Número de participantes: *Formam-se grupos de quatro crianças.*

Material necessário: *Cadeiras e caixas de cartão de diferentes tamanhos.*

Espaço: *Amplo.*

Objetivos didáticos: *Manter objetos em equilíbrio a partir da habilidade e da imaginação.*

- Colocam-se as caixas de cartão e algumas cadeiras no centro da área de jogo.
- Formam-se grupos de quatro crianças, que se sentam no chão num extremo do espaço, formando um semicírculo.
- Um grupo se levanta, dirige-se ao centro e constrói uma ponte com as caixas e as cadeiras.
- Quando acabar, os outros passam por debaixo da ponte, seguindo as indicações que o grupo construtor der.
- Em seguida, outro grupo faz uma construção diferente da anterior.
- As crianças restantes devem também passar por baixo, atendendo às indicações dos novos arquitetos.
- E assim sucessivamente, até que todos os grupos tenham construído sua edificação.

Atenção às palavras dos construtores da ponte!

22. O redemoinho

Número de participantes: *Formam-se pares.*

Material necessário: *Giz.*

Espaço: *Amplo.*

Objetivos didáticos: *Trabalhar o equilíbrio do corpo em movimento, percebendo o centro de gravidade.*

- Formam-se pares e os seus membros posicionam-se um à frente do outro.
- Com os braços esticados para a frente, dão as mãos, juntam os pés e inclinam o corpo para trás.
- O educador traça um círculo com o giz à volta de cada par.
- O par, lentamente, começa a dar voltas sem se afastar nem sair do círculo traçado.
- A rotação deve ser cada vez mais rápida e os dois elementos tentam manter o equilíbrio.

Que ninguém fique enjoado!

- Depois de descansarem um pouco, podem reiniciar o jogo, mas mudando o sentido da rotação.

23. Pés grandes brancos

Número de participantes: *Ilimitado.*

Material necessário: *Tesoura, fita adesiva, folhas de papel branco e uma corda de 2m.*

Espaço: *Amplo.*

Objetivos didáticos: *Trabalhar a verticalidade contra a lei da gravidade.*

- Numa folha branca, desenham-se as plantas dos pés do educador, recortam-se e colam-se no chão com fita adesiva.
- Muito perto delas, a uns 30cm, estende-se uma corda.
- Uma a uma, as crianças, com os pés juntos, saltam por cima da corda com as pernas flexionadas e tentam que as plantas dos seus pés coincidam com as que estão coladas ao chão.

Pernas flexionadas e pés juntos!

- Cada participante tem três oportunidades para atingir o objetivo.

Pontas dos pés – calcanhares

24

Número de participantes: *Ilimitado.*

Material necessário: *Música.*

Espaço: *Amplo.*

Objetivos didáticos: *Trabalhar o equilíbrio com movimento a partir de diferentes posturas corporais.*

- Todos os participantes se colocam de pé num extremo da área de jogo.
- Ao comando do educador, põem-se nas pontas dos pés, abrem bem os olhos e estendem os braços ao longo do corpo.
- Nesta posição, começam a caminhar pelo espaço até chegarem ao outro extremo.
- Em seguida, mudam de posição: apoiam-se nos calcanhares e mantêm os olhos bem abertos e os braços estendidos.
- Desta maneira, voltam ao ponto de partida, mas andando de costas.
- Quando chegarem ao ponto de partida, ouvem a música e todos dançam na ponta dos pés ou com os calcanhares, segundo as indicações do educador.

Pontas dos pés, calcanhares, pontas dos pés, calcanhares!

25. O pássaro grande

Número de participantes: *Ilimitado.*

Espaço: *Amplo e/ou exterior.*

Objetivos didáticos: *Trabalhar a criatividade e a verticalidade com limitação corporal.*

- Os participantes distribuem-se pelo espaço de jogo, atentos às indicações do educador.

- As crianças mantêm-se sobre uma perna e flexionam a outra durante um instante, sem se moverem.

- Nesta posição, movem os braços simulando as asas de um pássaro.

Voem!

- Depois dobram o tronco para frente e para trás.

- Em seguida, trocam de perna e fazem os mesmos exercícios.

- Para acabar, um de cada vez, imitam o trinar de um pássaro, enquanto se sustentam sobre uma perna, flexionam a outra e movem os braços como asas.

A estátua móvel   26

Número de participantes: *Formam-se grupos de seis crianças.*

Material necessário: *Seis banquinhos baixos, uma caixa e vários objetos (chapéu, óculos, lenços etc.).*

Espaço: *Amplo.*

Objetivos didáticos: *Manter sempre a posição vertical contra a lei da gravidade.*

- Põem-se os seis banquinhos no centro do espaço de jogo.
- Formam-se grupos de seis crianças e uma delas se coloca diante do banquinho.
- O educador, com a caixa cheia de objetos, passa à frente das crianças para que tirem um deles, sem olhar.
- Coloca-se o objeto segundo o que vão representar e sobem para cima do banquinho para construir a personagem.
- A um comando combinado, esta personagem deve apoiar-se numa só perna.
- A criança que aguentar mais tempo em equilíbrio, ganha.

Vamos inventar um personagem divertido!

33

27 Estrada para o céu

Número de participantes: *Ilimitado.*

Material necessário: *Cadeiras, banquinhos, bancos e uma bola pequena de espuma.*

Espaço: *Amplo e/ou exterior.*

Objetivos didáticos: *Controlar o equilíbrio variando a altura. Trabalhar a concentração e a agilidade.*

- No espaço de jogo, o educador e as crianças constroem um circuito com as cadeiras, os banquinhos, o colchão e os bancos.
- Em seguida, as crianças formam uma fila, umas atrás das outras.
- Começam a andar por cima dos objetos que formam o circuito, tentando não apoiar nenhum pé no chão.
- Depois, regressam ao ponto de partida andando para trás.
- O responsável pode complicar um pouquinho o jogo ao fazer com que levem a bola nas mãos durante o trajeto.
- Quando uma criança acaba o percurso, entrega a bola ao colega seguinte.

Vamos agarrar bem a bola para que não caia!

A plataforma — 28

Número de participantes: *Ilimitado.*

Material necessário: *Uma plataforma de 1m de comprimento por 30cm de largura, cadeiras, banquinhos, um banco e uma venda para tapar os olhos.*

Espaço: *Amplo.*

Objetivos didáticos: *Trabalhar a concentração, a agilidade e o equilíbrio num plano inclinado.*

- Com a ajuda do banco, das cadeiras e dos banquinhos, coloca-se a plataforma de maneira que fique inclinada e que aguente o peso da criança.
- Um a um, todos os participantes, com a ajuda do educador, sobem e descem pela plataforma inclinada.
- Em seguida, devem repetir a mesma ação, mas com os braços abertos.
- Para acabar, as crianças que têm mais facilidade podem tentar subir e descer com os olhos vendados.

Atenção à inclinação da superfície!

29 — O compasso

Número de participantes: *Ilimitado.*

Material necessário: *Corda, lápis de cor e papel de 1,50m de largura e do comprimento da parede onde se vai pendurar.*

Espaço: *Amplo.*

Objetivos didáticos: *Exercitar o controle da verticalidade a partir do grafismo.*

- Pendura-se o papel na parede do espaço de jogo.
- Os participantes colocam-se em frente ao papel com um lápis de cor na mão, mantendo uma distância de 50cm.
- O educador imobiliza as crianças, atando-lhes os pés com uma corda.

Agora não se pode andar!

- A um comando combinado, devem tentar desenhar no papel uma circunferência, a maior possível.
- Em seguida, desenham dentro da circunferência outras circunferências concêntricas, cada vez menores.
- A criança que mover os pés três vezes é eliminada.

O pião bailarino

Número de participantes: *Ilimitado.*

Material necessário: *Música de baile.*

Espaço: *Amplo.*

Objetivos didáticos: *Trabalhar o centro de gravidade no movimento do corpo sobre o seu eixo.*

- Soa a música e as crianças dançam livremente pelo espaço de jogo.
- Ao comando do educador, as crianças giram sobre si mesmas, dando voltas completas, sem saírem do seu lugar.

Girando, girando…, mais uma volta!

- Devem girar sobre si próprias, sem afastar os pés, levantando-os do chão apenas ligeiramente.
- Depois, voltam a dançar livremente pelo espaço.
- Dada uma nova ordem, dão outra vez voltas, mas mudando o sentido de rotação: se antes tivesse sido da esquerda para a direita, agora será da direita para a esquerda e com os braços no ar.

31. A bola está servida

Número de participantes: *Formam-se pares.*

Material necessário: *Um banco sem costas e uma bola média de borracha.*

Espaço: *Amplo e/ou exterior.*

Objetivos didáticos: *Conseguir o equilíbrio com objetos em movimento.*

- Coloca-se o banco para fazer os exercícios no centro do espaço de jogo.
- Formam-se pares e um deles se dirige para o banco, sentando-se um de frente para o outro.
- O educador entrega a bola a um deles e este a lança ao outro. E assim sucessivamente.

Agora, tua! Agora, minha!

- Depois de cada lançamento, as crianças vão-se distanciando progressivamente até chegarem aos extremos do banco.
- Se lhes cair a bola três vezes são eliminadas e começa a jogar o par seguinte.

O astronauta 32

Número de participantes: *Ilimitado.*

Material necessário: *Seis folhas de papel e um marcador.*

Espaço: *Amplo.*

Objetivos didáticos: *Trabalhar o equilíbrio estático a partir do domínio do gesto.*

- O educador numera de 0 a 5 as seis folhas de papel, com algarismos grandes.

- As crianças estão sentadas em semicírculo num extremo do espaço de jogo.

- O responsável mostra as folhas, uma a uma, repetindo os números em voz alta de 5 a 0.

- Quando chegar ao número 0, as crianças dão um salto no ar, como se fossem disparadas.

Imaginemos que estamos no espaço!

- Então, fingem que são astronautas flutuando no espaço. Andam muito lentamente, levantando as pernas como se flutuassem.

- Ao mesmo tempo, movem os braços, também pouco a pouco, em diversas direções e tentam manter-se bastante tempo sobre uma só perna.

- Depois, mudam de perna muito lentamente.

33 — O lança-batatas

Número de participantes: *Ilimitado.*

Material necessário: *Uma cesta, uma colher de sopa e uma batata para cada jogador.*

Espaço: *Amplo e/ou exterior.*

Objetivos didáticos: *Conseguir o equilíbrio no movimento corporal com objetos.*

- O educador entrega a cada criança uma colher e uma batata.
- Os participantes colocam-se em fila, uns ao lado dos outros, no extremo da área de jogo.
- O responsável mostra como colocar o cabo da colher na boca e a batata em cima da colher.
- Pressionando com força com os dentes, devem manter o equilíbrio da batata.
- Ao comando acordado, dirigem-se para o outro extremo do espaço, sem que a batata caia.
- Em seguida, repetem o percurso, mas com maior velocidade.

Mais rápido, mas que a batata não caia!

- Para finalizar o jogo, dirigem-se ao centro do espaço, onde há uma cesta, e com o impulso da boca lançam a batata para dentro dela.

O pêndulo

Número de participantes: *Formam-se grupos de três crianças.*

Espaço: *Amplo e/ou exterior.*

Objetivos didáticos: *Trabalhar o equilíbrio do corpo no movimento, mantendo o eixo vertical.*

- Formam-se os grupos, que se espalham livremente pelo espaço de jogo.
- Uma criança de cada equipe coloca-se em frente a outra, a uma distância de 50cm. O terceiro membro do grupo coloca-se no centro, entre os outros dois.
- Sem se afastarem, o do centro balanceia para frente e para trás, enquanto os outros dois vão amortecendo o balanço e o empurram para dentro.

Que o companheiro não caia!

- O jogo continua com a troca de papéis das três crianças de cada grupo.

35 O controle da bola

Número de participantes: *Ilimitado.*

Material necessário: *Bolas pequenas de diferentes cores e um pandeiro.*

Espaço: *Amplo.*

Objetivos didáticos: *Dominar o tônus muscular para manter o equilíbrio com objetos.*

- Cada criança tem uma bola na mão.
- Ao comando do educador, coloca a palma da mão reta e a bola em cima.
- O responsável bate no pandeiro marcando um ritmo lento.
- Todas as crianças lançam a bola ao ar de forma a que volte a cair na palma da sua mão.
- Pouco a pouco, o educador vai marcando um ritmo mais rápido e as crianças tentam segui-lo fazendo com que a bola salte na palma da mão, sem cair no chão.
- Se a bola lhe cair três vezes, o jogador é eliminado. O jogo continua até restar apenas uma criança.

A bola salta, salta!

Jogos de lateralidade

A lateralidade é o predomínio das funções de um hemisfério cerebral sobre as do outro e, em consequência, a sua tradução a níveis motores em cada uma das partes de um lado do corpo. Os jogos de lateralidade descobrem, estimulam e potenciam o predomínio lateral da criança.

O primeiro passo a dar é fazê-la descobrir como é o seu corpo, percebendo que existem membros iguais e também membros únicos. Dos membros iguais, deve-se saber que entre eles mantém uma relação de independência motora corporal e que existe a possibilidade da dissociação.

A criança tem de reconhecer, também, que no corpo existe um eixo corporal imaginário, que representa a simetria.

Pouco a pouco, a criança, por meio dos jogos, interioriza e consolida o seu predomínio lateral, para que no futuro possa assimilar corretamente o conhecimento das partes direita e esquerda do seu corpo.

36   Asas imaginárias

Número de participantes: *Ilimitado.*

Material necessário: *Música divertida e um pandeiro.*

Espaço: *Amplo.*

Objetivos didáticos: *Trabalhar o reconhecimento e a identificação dos dois lados do corpo.*

- As crianças participantes dispersam-se por todo o espaço de jogo.
- O educador lhes diz que têm de simular serem borboletas e terem uma das asas quebrada.

    As borboletas quebraram uma asa!

- Quando toca a música, começam a dançar movendo um só braço, de cima para baixo.
- Dada uma batida do pandeiro, têm de mudar de braço e continuar a dançar.
- E assim sucessivamente: movem primeiro um braço e depois, ao toque do pandeiro, o outro.

O grande imitador   37

Número de participantes: *Ilimitado.*

Espaço: *Amplo e/ou aberto.*

Objetivos didáticos: *Integrar a própria lateralidade e trabalhar a observação.*

- As crianças colocam-se em semicírculo diante do educador.
- Este dá uma volta, virando as costas para as crianças, e diz a elas que repitam os movimentos.

   Crianças, imitem-me!

- O educador, lentamente, levanta os braços e depois os abaixa.
- Em seguida, senta-se no chão e, pouco a pouco, levanta-se.
- Continuando, dá meia-volta, para e continua até completar a volta.
- Para acabar, uma das crianças participantes ocupa o lugar do educador e inventa novos movimentos, que os seus companheiros devem imitar.

38 — O robô pateta

Número de participantes: *Ilimitado.*

Espaço: *Amplo.*

Objetivos didáticos: *Reconhecer diferentes partes do corpo e trabalhar a orientação corporal.*

- As crianças formam uma fila, umas ao lado das outras, num extremo do espaço de jogo.

- O educador coloca-se na frente delas e começa a falar sobre uma série de ações que acompanha com o movimento correspondente: com uma mão, toca-se a ponta do nariz, e depois com a outra; com uma mão, toca-se na boca, e em seguida com a outra.

- E assim sucessivamente, de maneira a que vá tomando consciência de todas as partes do corpo.

    Nariz! Boca!

- A partir dos 4 anos podem começar a introduzir-se conceitos de esquerda e de direita em relação às partes mais utilizadas do corpo; por exemplo: mão esquerda, mão direita, perna esquerda, perna direita etc.

O arco bailarino 39

Número de participantes: *Formam-se grupos de quatro crianças.*

Material necessário: *Quatro arcos e música alegre.*

Espaço: *Amplo.*

Objetivos didáticos: *Explorar o movimento, integrando o conhecimento motor do corpo.*

- O educador coloca os quatro arcos repartidos pela área de jogo.
- Formam-se grupos de quatro alunos que se sentam no chão.
- Uma equipe se levanta e cada criança se coloca diante de um arco.
- O educador vai dando uma série de ordens em voz alta e o grupo que está jogando deve obedecê-las.

Saltar dentro do arco! Saltar fora do arco!

Sentar-se dentro do arco! Sentar-se fora do arco!

- Para acabar, o educador põe música e as crianças dançam dentro do arco.

47

40   A grande saudação

Número de participantes: *Formam-se pares.*

Espaço: *Amplo.*

Objetivos didáticos: *Trabalhar a comunicação e o movimento das diferentes partes do corpo.*

- Os pares dispersam-se pelo espaço de jogo e os seus elementos se posicionam um à frente do outro.

- Ao comando do educador, uma das crianças estende uma mão e a outra a contrária e agarram-se com força.

Um bom aperto de mãos!

- Dada uma nova ordem, têm de mudar de par e realizar a mesma ação.

- O jogo chega ao fim quando todas as crianças tiverem apertado as mãos.

Mexe, mexe

Número de participantes: *Ilimitado.*

Espaço: *Amplo.*

Objetivos didáticos: *Afirmar a vivência do corpo e explorar as suas possibilidades.*

- As crianças participantes dispersam-se pela área de jogo e se sentam no chão.
- O educador, a partir de um extremo do espaço, dita uma série de ações que as crianças devem realizar num instante.

De pé!
Subir e baixar os braços!
Sentar!

- Em seguida, enumeram-se as ações em voz alta (de pé, levantar e baixar as mãos, estender-se no chão, abrir e fechar os olhos etc.) e voltam a realizá-las, mas mais rapidamente.
- Repete-se o jogo tantas vezes quantas forem possíveis, mas cada vez mais rapidamente.

42 A piscina invisível

Número de participantes: *Formam-se grupos de seis crianças.*

Material necessário: *Giz e um apito.*

Espaço: *Amplo.*

Objetivos didáticos: *Trabalhar a coordenação de diferentes movimentos.*

○ O educador traça com o giz um grande quadrado na área de jogo, que será a piscina, e, em seguida, divide-a em seis partes, que serão as pistas.

○ Os participantes sentam-se em semicírculo, num extremo do espaço, para ouvirem as explicações do responsável.

○ Este explica verbalmente os diferentes estilos de natação (livre, peito, costas e borboleta) e faz uma pequena demonstração com movimentos de braços e pernas.

○ As crianças repartem-se em grupos de seis e, ao toque do apito, uma equipe se levanta e finge que se atira à piscina (uma criança por cada pista), saltando com os pés juntos e os braços levantados e ficando depois caídas no chão.

○ Em seguida, o educador vai anunciando os diferentes estilos de natação e as crianças espalham-se pelo chão movendo os braços e as pernas de forma coordenada, conforme o estilo de natação assinalado.

Peito! Costas! Borboleta!

Olhos travessos 43

Número de participantes: *Ilimitado.*

Espaço: *Amplo.*

Objetivos didáticos: *Tomar consciência da simetria que se desenvolve em ambos os lados de um eixo imaginário.*

- As crianças se sentam em círculo no centro do espaço de jogo.
- Os participantes escondem as mãos atrás das costas, entrelaçando os braços com o companheiro.
- Ao comando do educador, têm de fechar os olhos e, em seguida, voltar a abri-los.
- Dada uma nova ordem, tapam um olho com uma mão e depois voltam a escondê-la atrás das costas.
- Em seguida, com a outra mão tapam o outro olho.
- Com as mãos atrás das costas, recomeçam, seguindo as indicações do educador, que cada vez as anuncia com maior rapidez.

Mais rápido, mais rápido!

As crianças bandeira 44

Número de participantes: *Formam-se pares.*

Material necessário: *Tinta guache de diferentes cores e um espelho grande.*

Espaço: *Amplo.*

Objetivos didáticos: *Tomar consciência da simetria desenvolvida de ambos os lados de um eixo imaginário.*

- As crianças de cada par sentam-se, espalhadas pelo espaço de jogo, uma em frente da outra.
- O educador entrega a cada par dois potes de tinta guache de diferentes cores.
- Uma das crianças pinta, com os dedos, metade da cara do seu companheiro de uma cor e a outra metade de outra cor.
- Quando todos os pares já tiverem a cara pintada, dirigem-se ao espelho e observam como a cara ficou dividida em duas partes aproximadamente simétricas.

Observemos bem as duas partes da cara!

51

45. Silhuetas de papel

Número de participantes: *Formam-se grupos de quatro crianças.*

Material necessário: *Papel de embrulho de 1,50m de largura por tantos metros de comprimento quantos forem os participantes, marcador preto e quatro lápis.*

Espaço: *Amplo.*

Objetivos didáticos: *Observar as partes simétricas do corpo.*

- O educador divide o papel de embrulho em tiras de 4m e espalha-o pelo chão do espaço de jogo.
- Em cima de cada pedaço colocam-se quatro crianças com as pernas e os braços um pouco separados.
- O responsável desenha a silhueta de cada uma com o marcador.
- Lentamente, as crianças se levantam e observam as diferenças entre os corpos desenhados.
- Em seguida, o educador entrega um lápis a cada criança e esta traça uma linha que divide ao meio, de cima a baixo, a silhueta do seu corpo.

Qual é o eixo imaginário do seu corpo?

- O jogo finaliza quando todos os grupos tiverem achado o eixo da sua silhueta.

52

O espanador   46

Número de participantes: *Ilimitado.*

Material necessário: *Fita adesiva e um espanador.*

Espaço: *Amplo.*

Objetivos didáticos: *Tomar consciência das duas partes do corpo a partir de um eixo imaginário e trabalhar a imaginação.*

- O educador marca, com a fita adesiva, um eixo vertical em cada criança, dividindo assim o corpo em duas metades.
- As crianças andam pela área de jogo e, dada uma ordem combinada, param e se tornam estátuas, colocando-se em diferentes posições.
- O responsável toca a cabeça de uma estátua e lhe entrega o espanador.
- A criança que tem o espanador tem de tirar o pó de todas as estátuas, mas somente de uma metade do corpo.

Só tem de limpar metade!

- Quando terminar, entrega o espanador ao educador.
- As crianças voltam a caminhar e, dada uma nova ordem, o jogo recomeça, mas desta vez a criança que tem o espanador tem de tirar o pó da outra metade do corpo das estátuas.

47 O sarampo

Número de participantes: *Ilimitado.*

Material necessário: *Adesivos circulares vermelhos e verdes e um espelho grande.*

Espaço: *Amplo.*

Objetivos didáticos: *Tomar consciência das duas partes do corpo a partir de um eixo imaginário.*

- O educador entrega a cada participante dez adesivos vermelhos.

- As crianças dispersam-se correndo pelo espaço de jogo.

- Ao comando combinado, devem colar um adesivo vermelho em outra criança na parte do corpo que for indicada pelo responsável.

  Braço! Joelho! Nariz!

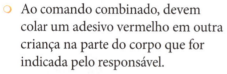

- E assim sucessivamente, até que se colem todos os adesivos vermelhos em diferentes partes do corpo, mas de um mesmo lado.

- Em seguida, o educador dá dez adesivos verdes a cada criança e continua o jogo de colar os adesivos, mas agora na outra metade do corpo.

- Depois, todas as crianças se dirigem ao espelho e veem como os seus corpos ficaram divididos em duas partes.

Obra-prima

Número de participantes: *Ilimitado.*

Material necessário: *Tinta guache, toalha, uma folha de papel branco A3 e um lápis para cada participante.*

Espaço: *Amplo.*

Objetivos didáticos: *Tomar consciência das partes simétricas do corpo.*

- As crianças sentam-se no chão, dispersas pela área de jogo.
- O educador entrega uma folha de papel A3 e um lápis a cada participante.
- As crianças dividem a folha em duas metades com uma linha.
- Em seguida, o responsável coloca os dois potes de tinta num extremo do espaço.
- As crianças introduzem a palma de uma das mãos num pote de tinta e a outra numa cor diferente.
- Viram a folha de papel e colocam um pé de cada lado da linha. Então, com as palmas impregnadas, colocam as mãos no papel.
- Com a toalha, limpam as mãos e voltam a molhá-las na tinta para realizar novamente a ação.
- Na quarta vez, o jogo finaliza e cada criança observa a simetria entre as mãos de um lado e do outro da folha.

Atenção às mãos coloridas!

49   O barulho

Número de participantes: *Ilimitado.*

Material necessário: *Música e um pandeiro.*

Espaço: *Amplo.*

Objetivos didáticos: *Trabalhar a combinação das partes simétricas do corpo.*

- O educador põe música e os participantes dançam, seguindo o ritmo e ocupando toda a área de jogo.
- Quando o responsável para a música, todos batem no chão com o pé.
- O educador começa a tocar o pandeiro e as crianças caminham pelo espaço, seguindo o ritmo da percussão.
- E quando o pandeiro para, batem com uma mão no chão do espaço.
- Ouve-se novamente o pandeiro e continuam a caminhar.
- E quando volta a parar, batem novamente no chão com a mão, mas agora o fazem com a outra.

Agora com a outra mão!

A vela

Número de participantes: *Ilimitado.*

Material necessário: *Uma vela.*

Espaço: *Amplo.*

Objetivos didáticos: *Reconhecer uma parte determinada do corpo e a sua funcionalidade. Trabalhar a respiração.*

- Os participantes sentam-se no chão formando um círculo.
- O educador coloca-se no centro do círculo e mostra às crianças como, ao tapar um dos orifícios do nariz, só sai ar pelo outro.
- Em seguida, todos realizam esta operação, tapando primeiro um orifício e em seguida o outro.
- Depois de trabalhar um bocado a respiração, o responsável acende a vela e propõe às crianças que a apaguem com o ar que é expelido de um só orifício.

Tapem o outro orifício para que o ar não saia!

- Uma a uma, as crianças tentam apagar a chama com o ar que sai do orifício nasal descoberto, enquanto mantêm o outro tapado.

51   Entre o dia e a noite

Número de participantes: *Ilimitado.*

Material necessário: *Fita adesiva.*

Espaço: *Amplo.*

Objetivos didáticos: *Trabalhar os lados simétricos no espaço. Desenvolver a capacidade reflexa.*

- O educador marca uma linha divisória no chão com a fita adesiva: um dos lados representa o dia e o outro a noite.

- Os participantes formam uma fila e colocam-se em cima da linha divisória, pisando-a.

- Ao comando combinado as crianças colocam-se num dos dois lados.

- Se se encontrarem no lado da noite, devem cair rapidamente no chão, fingindo que dormem.

À noite, dorme-se!

- Se, pelo contrário, estão do lado do dia, devem fingir que correm, levantando os joelhos, mas sem se afastarem.

Durante o dia, brinca-se!

- O jogo se repete cada vez mais rapidamente. Os participantes que se enganam no lado, ao seguir as indicações do responsável, são eliminados.

- O jogo continua até que metade das crianças seja eliminada.

Posições divertidas

Número de participantes: *Ilimitado.*

Espaço: *Amplo e/ou exterior.*

Objetivos didáticos: *Integrar a lateralidade a partir da imitação de posições corporais.*

- Os participantes se organizam em círculo, de mãos dadas.
- Uma das crianças se coloca no centro do círculo.
- Esta vai dando indicações aos que formam o círculo: que o círculo gire para um lado, para o outro, que todos levantem uma perna ou outra etc.

Prestemos atenção no nosso companheiro!

- Depois, a criança que deu as indicações troca com outra do círculo, que vai dar agora as novas ordens.
- Assim sucessivamente, até que todas as crianças do círculo tenham passado pelo centro e tenham inventado novas ações para os companheiros.

53   A pedra mágica

Número de participantes: *Formam-se pares.*

Material necessário: *Uma pedra de rio pequena por par.*

Espaço: *Amplo e/ou exterior.*

Objetivos didáticos: *Desenvolver de forma combinada o trabalho de lateralidade com o próprio corpo e com objetos.*

- Os membros de cada par se colocam um em frente do outro e o educador entrega uma pedra de rio aos dois.

- Uma das crianças do par esconde a pedra na mão, fecha-a, e coloca as duas mãos nas costas.

- Depois pergunta ao seu companheiro em que mão tem a pedra, e mostra-lhe os punhos.

Onde está a pedra?

- Em seguida trocam a pedra, e agora é o outro que a esconde.

54   Espelho, espelhinho

Número de participantes: *Formam-se grupos de seis crianças.*

Material necessário: *Um espelho grande.*

Espaço: *Amplo.*

Objetivos didáticos: *Trabalhar os lados simétricos do corpo e as suas funções.*

- O primeiro grupo de seis participantes se coloca diante do espelho e observa as partes simétricas do seu corpo, mencionando-as ao educador.

Mãos! Olhos! Pés!

- O responsável indica um movimento com cada uma dessas partes e as crianças realizam a ação.

Aplaudir com as mãos! Abrir e fechar os olhos! Saltar com os pés!

As pulgas

Número de participantes: *Ilimitado.*

Material necessário: *Uma caixa pequena.*

Espaço: *Amplo e/ou exterior.*

Objetivos didáticos: *Tomar consciência das duas partes do corpo a partir das sensações corporais externas.*

- Os participantes caminham pela área de jogo, procurando não chocar uns com os outros.

- O educador finge que na caixa tem algumas pulgas e que se escapam por acidente.

    As pulgas escaparam!

- As crianças começam a correr pelo espaço movendo os braços, fingindo que fogem das pulgas.

- O educador avisa às crianças que uma pulga imaginária saltou para o braço delas, e então começam a coçá-lo.

- Em seguida, salta para o outro braço e o coçam também.

- E assim, sucessivamente, de forma a que trabalhem todas as partes simétricas do corpo.

56 O apertão

Número de participantes: *Ilimitado.*

Material necessário: *Fita adesiva.*

Espaço: *Amplo.*

Objetivos didáticos: *Favorecer o processo de lateralidade a partir de um eixo imaginário no espaço.*

- O educador marca, com a fita adesiva, uma linha de 4m no chão do espaço de jogo.

- Os participantes formam uma fila, uns atrás dos outros, e posicionam-se num dos lados da linha.

- Ao comando combinado a fila se estreita, de maneira que o tórax das crianças fique colado às costas do que está à frente e se agarram pela cintura.

Todos bem apertados!

- Dada uma nova ordem, a fila de crianças, sem se desligar, tenta dar um salto e se colocar do outro lado da linha.

- Depois, alternadamente, a fila vai de um lado ao outro, seguindo as indicações do responsável.

O pontapé

Número de participantes: *Formam-se grupos de seis crianças.*

Material necessário: *Seis caixas de cartão.*

Espaço: *Amplo e/ou exterior.*

Objetivos didáticos: *Trabalhar a lateralidade dos membros inferiores e a sua relação com a força que podem exercer.*

- O educador coloca as seis caixas de cartão em fila, no centro da área de jogo.

- Num extremo do espaço, posicionam-se os seis membros de um grupo, também em fila, uns ao lado dos outros.

- Ao comando combinado, correm para as caixas e todos dão um forte pontapé a uma delas.

- Em seguida, colocam-nas outra vez no lugar onde estavam e regressam ao ponto de partida.

- Dada uma nova ordem, as crianças correm outra vez para as caixas e voltam a dar outro pontapé, mas desta vez com o outro pé.

Imaginem que é uma bola de futebol!

58 Sem derramar

Número de participantes: *Formam-se grupos de quatro crianças.*

Material necessário: *Quatro baldes e água.*

Espaço: *Exterior.*

Objetivos didáticos: *Trabalhar a lateralidade dos membros superiores e a sua relação com a força que podem exercer.*

- O educador enche os baldes com uma determinada quantidade de água, segundo a idade dos participantes, para que os possam transportar para o espaço de jogo.

- Entrega um balde com água a cada criança do primeiro grupo, que está posicionado num extremo do espaço.

- Ao comando combinado as crianças levantam o balde do chão, e com uma mão mudam-no para o extremo contrário da área o mais rapidamente possível.

- Em seguida voltam ao lugar de origem, pegando no balde com a outra mão.

Que a água não caia!

- É eliminada a criança que entorne a água do balde, e o jogo finaliza quando todos os grupos tiverem realizado a mesma ação.

Minigolfe 59

Número de participantes: *Ilimitado.*

Material necessário: *Uma bola pequena e uma pá para tirar terra.*

Espaço: *Exterior.*

Objetivos didáticos: *Trabalhar o desenvolvimento da lateralidade em relação aos membros inferiores.*

- O educador, com a ajuda de uma pá, faz três buracos no chão da área de jogo, com a distância de um metro entre eles.
- Os participantes estão sentados no chão num extremo do espaço.
- O responsável entrega a bola a uma criança para ela empurrá-la com o pé até um orifício e, em seguida, até os dois seguintes.

Só com um pé!

- Em seguida repete a operação, empurrando com o outro pé.
- E assim sucessivamente, até que todas as crianças tenham participado.

A cabeleireira 60

Número de participantes: *Formam-se pares.*

Material necessário: *Uma escova de cabelo e uma cadeira por par.*

Espaço: *Amplo.*

Objetivos didáticos: *Trabalhar a lateralidade relativamente aos membros superiores.*

- Formam-se pares e um dos seus membros se senta na cadeira. O outro se coloca atrás e o educador entrega a ele uma escova de cabelo.
- Suavemente e com uma mão a criança que tem a escova penteia o seu companheiro.

Cuidado com os puxões de cabelo!

- Dada uma indicação combinada, muda a escova de mão e continua a penteá-lo.
- Com uma nova ordem, a criança que estava sentada se levanta, pega na escova, troca de funções com o seu companheiro e realiza as mesmas ações que este fez anteriormente.

65

61. Diverte-dedos

Número de participantes: *Ilimitado.*

Material necessário: *Uma mesa e uma cadeira por participante.*

Espaço: *Amplo.*

Objetivos didáticos: *Favorecer o desenvolvimento da lateralidade a partir do conhecimento do esquema corporal e da sua ação motora.*

- Todas as crianças estão sentadas à frente das suas mesas.

- Ao comando combinado levantam a mão, fecham-na e apoiam o cotovelo na mesa.

- Todos devem estar muito atentos às indicações do educador, que é quem determina o número de dedos que têm de levantar.

Um dedo! Dois dedos!

- As crianças aprendem a quantidade de dedos indicados e, assim que tiverem levantado os cinco dedos da mesma mão, devem mudar rapidamente de mesa.

- Voltam a levantar uma das mãos, fechada e com o cotovelo apoiado na mesa, mas desta vez com a contrária.

- Repetem as mesmas ações, seguindo as indicações do responsável.

Rebola a bola · 62

Número de participantes: *Ilimitado.*

Material necessário: *Uma bola que salte e fita adesiva.*

Espaço: *Amplo e de superfície lisa.*

Objetivos didáticos: *Favorecer o desenvolvimento da lateralização a partir do conhecimento do esquema corporal e da sua ação motora.*

○ O educador, com a fita adesiva, marca no chão um circuito com curvas que ocupe toda a área de jogo.

○ As crianças se sentam num extremo do espaço e esperam a sua vez de brincar.

○ O responsável entrega a bola a uma criança, que se levanta e percorre o circuito, enquanto quica a bola com uma mão.

Não vale ajudar com a outra mão!

○ Em seguida, repete o trajeto, mas quicando a bola com a outra mão.

○ Acaba o jogo quando todos os participantes tiverem feito o percurso duas vezes.

63 Cada coisa no seu lugar

Número de participantes: *Ilimitado.*

Material necessário: *Uma cadeira, uma mesa e dois objetos diferentes.*

Espaço: *Amplo.*

Objetivos didáticos: *Favorecer o desenvolvimento da lateralização a partir dos objetos.*

- As crianças, que estão de pé, depois de ouvirem o educador que as informa do percurso que têm de fazer, sentam-se umas ao lado das outras num extremo da área de jogo.

- O responsável coloca a cadeira no centro do espaço e, a um metro de distância, a mesa com os dois objetos.

- Uma criança se levanta e, correndo, dirige-se à cadeira, dando uma volta ao seu redor e, em seguida, vai até a mesa, onde troca a ordem dos objetos.

Rápido, o que estava à esquerda agora fica à direita, e vice-versa!

- O jogo finaliza quando todas as crianças tiverem realizado a mesma ação.

Bailarino russo 64

Número de participantes: *Ilimitado.*

Espaço: *Amplo.*

Objetivos didáticos: *Trabalhar a lateralidade a partir do movimento corporal assimétrico.*

○ As crianças se dispersam pelo espaço de jogo e, ao comando do educador, põem-se de cócoras.

○ Em seguida, tentam estender alternadamente as pernas: primeiro uma e depois a outra.

○ O responsável pode ir dando ordens que dificultem sucessivamente o jogo.

Agora, com os braços cruzados no peito!
Agora, com os braços ao alto!

O olho atrevido 65

Número de participantes: *Ilimitado.*

Material necessário: *Cartolina de 20 x 20cm de diferentes cores e um furador.*

Espaço: *Amplo.*

Objetivos didáticos: *Trabalhar a lateralidade facial a partir da vista.*

○ O educador entrega a cada criança uma cartolina com um orifício no centro.

○ Os participantes dispersam-se pela área de jogo.

○ Ao comando combinado as crianças colocam a cartolina na cara, fazendo coincidir um olho com o orifício.

Dá para ver bem só com um olho?

○ Com a cartolina na cara, caminham pelo espaço olhando pelo orifício e tentando não se chocar com nenhum companheiro.

○ Depois, colocam o orifício sobre o outro olho e procedem da mesma forma.

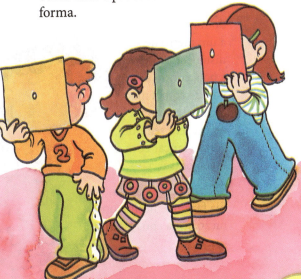

66. A parede respondona

Número de participantes: *Ilimitado.*

Material necessário: *Uma bola de tênis por participante.*

Espaço: *Amplo, com uma parede lisa ao fundo.*

Objetivos didáticos: *Favorecer a lateralidade com uma atividade que relacione o corpo com um objeto. Trabalhar a habilidade.*

- O educador entrega a cada participante uma bola de tênis.
- As crianças jogam livremente com a bola pelo espaço de jogo.
- Passados alguns minutos, o responsável começa a dar instruções aos participantes de como devem jogar a bola.

Atiremos a bola ao ar e vamos apanhá-la com as mãos!

- Em seguida as crianças se colocam em fila, umas atrás das outras.
- A primeira criança dirige-se à parede do fundo e para a um metro de distância. Atira a bola contra a parede com a mão, apanha-a com as duas e, em seguida, volta a lançar com a mão contrária.
- Todas as crianças da fila fazem a mesma operação, uma após a outra.

70

Bater com força

Número de participantes: *Ilimitado.*

Material necessário: *Um balão de ar cheio para cada criança.*

Espaço: *Amplo.*

Objetivos didáticos: *Tomar consciência das diferentes partes, posturas e atitudes do corpo.*

- Os participantes dispersam-se pelo espaço de jogo e o educador entrega um balão cheio a cada um.
- Todos se mantêm muito atentos às ordens do responsável e fazem o que este diz.

Batam no balão com a mão, depois com o cotovelo e finalmente com o pé, do mesmo lado do corpo!

- As crianças repetem várias vezes as ações, ao mesmo tempo em que, em voz alta, nomeiam a parte do corpo com que batem no balão.
- Em seguida, reiniciam as anteriores séries de ações, mas realizando-as com as partes do outro lado do corpo.

68 Uma lição de hóquei

Número de participantes: *Formam-se grupos de quatro crianças.*

Material necessário: *Quatro garrafas de plástico e quatro bolas de tênis.*

Espaço: *Amplo.*

Objetivos didáticos: *Favorecer a lateralidade mediante uma atividade que relacione o corpo com objetos. Trabalhar a habilidade motora e a concentração.*

- Formam-se equipes de quatro crianças, uma das quais se coloca num extremo do espaço de jogo em fila, umas ao lado das outras.

- O educador entrega uma garrafa e uma bola a cada componente do grupo.

- Colocam a bola no chão, à frente dos pés e, com uma mão, agarram na garrafa pelo gargalo como se fosse um *stick* de hóquei.

Têm de ser bons jogadores de hóquei!

- Ao comando combinado as crianças vão batendo na bola com a garrafa, mas agora agarram-na com a outra mão.

- Depois, regressam ao ponto de partida batendo também na bola com a garrafa, mas agora agarrando com a outra mão.

- A criança que chega primeiro é a vencedora.

- Acaba o jogo quando todos os grupos tenham realizado as mesmas ações.

Aeróbica 69

Número de participantes: *Ilimitado.*

Material necessário: *Música.*

Espaço: *Amplo.*

Objetivos didáticos: *Trabalhar a coordenação de um membro do corpo e a sua posição no espaço.*

- O educador realiza uma série de movimentos com o corpo que depois os participantes devem imitar seguindo o ritmo da música.
- O exercício começa trabalhando-se um lado do corpo.
- A posição de partida é de pé, o corpo bem erguido e as pernas um pouco afastadas para ter boa estabilidade.
- Em seguida, dão início aos movimentos de acordo com as indicações do educador. Primeiro, fazem-no sem música e depois seguindo o ritmo.
- Depois, repetem os mesmos movimentos, mas com o outro lado do corpo.
- Para acabar o jogo, repetem todos os movimentos com os dois braços ao mesmo tempo.

Levantemos o braço para a frente!

Para cima! De lado!

Embaixo! Agora com música!

Aprendiz de ciclista

Número de participantes: *Formam-se pares.*

Espaço: *Amplo.*

Objetivos didáticos: *Tomar consciência das diferentes partes, posturas e atividades do corpo.*

- Formam-se os pares, cujos membros se sentam no chão, um em frente do outro e com as pernas estendidas.

- Ao comando do educador iniciam um movimento de flexão dos joelhos.

- Com as pernas encolhidas, uma das crianças do par volta a estender uma só perna muito lentamente.

Não se podem fazer movimentos bruscos!

- Depois, a outra realiza o mesmo movimento e em seguida estica também a perna contrária.

- O seu companheiro imita-o, estendendo também a perna encolhida.

- Em seguida fazem as mesmas operações com os braços.

A corda esticada 71

Número de participantes: *Formam-se pares.*

Material necessário: *Uma corda de um metro de comprimento por par.*

Espaço: *Amplo e/ou exterior.*

Objetivos didáticos: *Favorecer a lateralidade com uma atividade que relacione o corpo com um objeto.*

- Os pares dispersam-se pela área de jogo e o educador entrega uma corda a cada par.
- Ao comando combinado os dois membros do par agarram com uma mão a corda, um em cada extremo, e puxam-na até que fique esticada.
- Caminham assim pelo espaço e, quando encontram outro par pela frente, devem passar por debaixo da sua corda.

Não vale tocar na corda!

- Depois, é o outro par que passa por debaixo da corda do primeiro.
- A uma nova ordem do educador as crianças dos pares mudam de lado para agarrarem a corda com a outra mão.

As bolinhas

Número de participantes: *Ilimitado.*

Material necessário: *Plasticina e cronômetro.*

Espaço: *Amplo, com mesas e cadeiras.*

Objetivos didáticos: *Favorecer a lateralidade por meio de uma atividade motriz que relacione o corpo com um objeto.*

- Todas as crianças estão sentadas em frente à sua mesa e o educador entrega-lhes um bocado de plasticina.

- Ao ouvir um sinal, cada criança deve fazer bolinhas com a plasticina, usando uma só mão.

- O educador dá 2min para fazerem as bolinhas.

- Passado este tempo, o educador conta quantas bolinhas conseguiu fazer cada criança com uma só mão.

Quem faz mais bolinhas?

- Em seguida faz-se a mesma operação, mas com a mão contrária.

- Ao acabar, cada criança observa a diferença existente entre as bolinhas que fizeram com uma mão e as que fizeram com a outra.

A sopa boba

Número de participantes: *Formam-se pares.*

Material necessário: *Um prato de sopa de plástico e uma colher por participante e água.*

Espaço: *Amplo, com mesas e cadeiras.*

Objetivos didáticos: *Trabalhar o uso de uma mão e da outra, anulando a preferência motora.*

- Os membros de cada par sentam-se na mesma mesa, um em frente do outro.

- O educador entrega a cada criança um prato de sopa e uma colher de plástico, e põe uma quantidade determinada de água nos pratos.

- Ao comando combinado as crianças seguram a colher com uma mão, enchem-na de água e bebem. Em seguida, repetem com a outra mão.

- Em seguida, um elemento de cada par dá a água ao seu companheiro com a colher numa das mãos; depois, repete a operação ao contrário, ou seja, com a outra mão.

Boca aberta e pulso controlado, para que a água não caia!

- O par que entornar menos água é o vencedor.

74. Um fio de areia

Número de participantes: *Ilimitado.*

Material necessário: *Uma garrafa de plástico por criança e uma caixa cheia de areia fina.*

Espaço: *Amplo.*

Objetivos didáticos: *Trabalhar o emprego de ambas as mãos, anulando a preferência motora.*

- O educador entrega a cada criança uma garrafa de plástico vazia.
- No centro do espaço de jogo, coloca a caixa cheia de areia fina.
- Ao comando do responsável as crianças correm para a caixa e agarram um punhado de areia.
- Em seguida, sentam-se no chão e tentam encher a garrafa com areia, abrindo o punho e deixando-a cair pelo gargalo.
- Repete-se a mesma operação mudando de mão.
- Acaba o jogo quando termina a areia da caixa e ganha a criança que tiver a garrafa mais cheia.

Que não caia areia fora da garrafa!

A sapataria

Número de participantes: *Ilimitado.*

Material necessário: *Um par de sapatos e um lenço para vendar os olhos de cada um dos participantes.*

Espaço: *Amplo.*

Objetivos didáticos: *Favorecer a lateralidade com uma atividade motora que relacione o corpo com um objeto.*

- As crianças sentam-se no chão do espaço de jogo.
- Ao comando do educador, descalçam-se.
- O responsável venda com os lenços os olhos das crianças.

   É verdade que não se vê nada?

- Com os olhos vendados, devem calçar os sapatos.

- Depois, sem os lenços, formam-se pares e os seus dois elementos devem sentar-se de frente um para o outro.
- O educador volta a tapar-lhes os olhos; então, as crianças tentam, primeiro, descalçar o seu companheiro e, depois, calçá-lo.

Sketch

Que divertido é o circo!

Começa o espetáculo!

Nesta pequena peça dramática, as crianças vão representar uma história sobre o circo e algumas das suas personagens. Para encenar o ambiente circense, penduram algumas fitas de cores do centro do teto até aos extremos do espaço de jogo. Os protagonistas são os equilibristas, que levam uma saia de papel com bolas de cores, e os palhaços, que se vestem com umas calças também de papel e com bolas. Ambos maquilham metade da cara de verde e a outra de vermelho.

Dois palhaços entram em cena e deixam no chão uma corda esticada. Saúdam comicamente o público e saem. Ouve-se música circense, aparecem os equilibristas com os braços abertos e começam a caminhar por cima da corda como se mantivessem o equilíbrio. Em seguida, fazem uma elegante saudação e saem alegremente. Voltam a entrar os palhaços correndo e fingindo que tropeçam uns nos outros, até que um exclama:

"O meu nariz de palhaço!" e todos caminham preocupados à procura do nariz. Ouve-se novamente a música circense e entram os equilibristas, cada um com um nariz de palhaço num dedo. Ao verem os narizes, os palhaços colocam-se em fila, uns ao lado dos outros, para que os equilibristas lhes ponham o nariz.

Para acabar a atuação, dão as mãos, saúdam o público e, ao som da música, caminham saudando com uma mão e depois com a outra.

Quadro de idades

Jogo	Página	3 anos	4 anos	5 anos	6 anos
A varinha mágica	10		O		
O rei do equilíbrio	11	O			
Cangurus traquinas	12	O			
A espiral	13				O
Esquilos esfomeados	14	O			
Em um pé só!	15			O	
Os cabeçudos	16				O
O pequeno avião	17			O	
O criado	17	O			
O girassol	18				O
Purê de batata	19		O		
O desfiladeiro	20	O			
Guardanapos rápidos	21			O	
A perna invisível	22				O
Entre duas linhas	23		O		
Sem mãos!	24	O			
O livro multifacetado	25			O	
Dedos longos	26				O
Reunião de sapatos	27		O		
Barcos de papel	28	O			
Pequenos arquitetos	29			O	
O redemoinho	30				O
Pés grandes brancos	30		O		
Pontas dos pés – calcanhares	31	O			
O pássaro grande	32				O
A estátua móvel	33			O	
Estrada para o céu	34		O		
A plataforma	35	O			
O compasso	36				O
O pião bailarino	37			O	
A bola está servida	38	O			
O astronauta	39				O
O lança-batatas	40		O		
O pêndulo	41			O	
O controle da bola	42		O		
Asas imaginárias	44	O			
O grande imitador	45			O	
O robô pateta	46	O			
O arco bailarino	47		O		

Jogo	Página	3 anos	4 anos	5 anos	6 anos
A grande saudação	48				O
Mexe, mexe	49	O			
A piscina invisível	50				O
Olhos travessos	51		O		
As crianças bandeira	51	O			
Silhuetas de papel	52		O		
O espanador	53			O	
O sarampo	54				O
Obra-prima	55				O
O barulho	56	O			
A vela	57	O			
Entre o dia e a noite	58			O	
Posições divertidas	59				O
A pedra mágica	60		O		
Espelho, espelhinho	60			O	
As pulgas	61				O
O apertão	62			O	
O pontapé	63	O			
Sem derramar	64		O		
Minigolfe	65			O	
A cabeleireira	65	O			
Diverte-dedos	66			O	
Rebola a bola	67				O
Cada coisa no seu lugar	68		O		
Bailarino russo	69				O
O olho atrevido	69	O			
A parede respondona	70				O
Bater com força	71		O		
Uma lição de hóquei	72				O
Aeróbica	73		O		
Aprendiz de ciclista	74	O			
A corda esticada	75			O	
As bolinhas	76	O			
A sopa boba	77		O		
Um fio de areia	78			O	
A sapataria	79				O

As idades indicadas neste quadro são meramente orientadoras. O educador poderá adequar cada jogo segundo a maturidade e preparação das crianças participantes.